汾酒博物馆

历代酒器选集

张琰光　主编

文物出版社

图书在版编目（CIP）数据

汾酒博物馆历代酒具精选 ／ 山西杏花村汾酒集团有
限责任公司编 ； 张琰光主编． —— 北京 ： 文物出版社，
2019.7
ISBN 978-7-5010-6102-0

Ⅰ．①汾… Ⅱ．①山… ②张…Ⅲ．①酒－古器皿－
中国－图集 Ⅳ．①K875.2

中国版本图书馆CIP数据核字(2019)第051647号

汾酒博物馆历代酒器选集

编　　者：山西杏花村汾酒集团有限责任公司
主　　编：张琰光

责任编辑：许海意　胡奥千
装帧设计：邢延生
责任印刷：张道奇

出版发行：文物出版社
地　　址：北京市东直门内北小街2号楼
邮　　编：100007
网　　址：http://www.wenwu.com
邮　　箱：web@wenwu.com
经　　销：新华书店
制　　版：北京印艺启航文化发展有限公司
印　　刷：北京华联印刷有限公司
开　　本：635mm×965mm　1/8
印　　张：31
版　　次：2019年7月第1版
印　　次：2019年7月第1次印刷
书　　号：ISBN 978-7-5010-6102-0
定　　价：450.00元

主　编

张琰光

执行主编

柳静安　邢延生

摄　影

邢延生　张树明　王　升　白　镔　王文东

党志栋　王云峰　冯文静　常　斐　张慧芝　王佳琪

文物审定

张　颌　林　鹏　文景明

钱自在　张树文　温子俊　张树明

序

张琰光

汾酒历史悠久，文化源远流长，和华夏文明、黄河文明、晋商文化同根同源，一脉相承。中国6000年的酒文化，不仅仅包括酒诗酒歌、酒典故等精神文化，更包括酿酒器、贮酒器、饮酒器等物质文化，酒器具也是酒文化不可或缺的重要组成部分。

汾酒集团在弘扬中国酒文化方面，独树一帜。从20世纪70年代起就一直有意识地收藏历代各种酒器具，在20世纪90年代初建成了中国第一座酒文化博物馆。从仰韶文化时期一直到民国，历代珍贵酒器藏品有1200余件，琳琅满目，洋洋大观，其规模之大，数量之多，酒器之全，成就之高，为行业馆藏典范。

酒器文化，透露着中国传统文化的博大精深：

一是大道至简。众所周知，汉唐时代文物，无论大件还是小件，造型简洁，雄浑朴厚，令人震撼；清代文物，雕琢繁缛，精细得令人赞叹。

二是大音希声。无论任何文化都是养出来的。没有长时间的养，就不会有底蕴。汾酒博物馆建立20多年来，一直在不断地充实、涵养，她代表了汾酒人对文化的热爱和追求。物质文化和精神文化支撑着汾酒文化，汾酒才会有强劲的底气，才不会浅薄，更不会妄自尊大。

三是大藏随缘。收集与收藏是讲缘分的，特别是好的、重要的器物，更讲缘分。山西这块神奇的土地，大量的酒器具遗存，滋养了深厚的汾酒文化。

四是大国无疆。未来，中国白酒一定会走向国际市场。白酒走出去的同时，也推动中国酒器文化走向世界。现在，在国外的许多博物馆里，能够看到元明清时期外销瓷器，尽管许多图案结合了异域民族的风格、特征。但是，这种融合是天衣无缝的，看不到有什么突兀，总感到那么妥帖，既体现中国气派，又充盈国际气息。

《汾酒博物馆历代酒器选集》的出版不仅能彰显汾酒深厚的文化底蕴，从中感受到我国历朝历代精美酒器具的文化艺术之美，并从中汲取丰富的养分，而且有利于我们担负起"中国酒魂，清香天下"的历史使命与时代重任，传承传统酿酒技艺，促进运营管理提升，创新营销理念，集聚汾酒文化张力，实现中华酒文化繁荣昌盛。

前 言

编 者

　　有酒便有酒器，山西酿酒与酒器历史源远流长，以汾酒酒器为代表的山西酒器发展在中国酒器文化史上举足轻重。山西杏花村，钟灵毓秀，人杰物华，千年汾酒，天之美醁，得造花香。坐落于杏花村汾酒集团的汾酒博物馆，气势恢宏，古风浓郁，与飘香6000年的杏花古镇交相辉映。这座中国目前最大的酒史博物馆，犹如一部大型史册，使中华汾酒皇皇6000年青史呈现于世。汾酒博物馆收藏的历代酒器，展现了汾酒博大精深的文化内涵，向世人传递着中华汾酒文化源远流长的文化神韵。

　　汾酒博物馆馆藏有从仰韶文化时期至民国时期的瓮、壶、樽、罐、卮、皿、匜、鉴、斛、瓠、觯、角、爵、杯、盏、瓶、坛、缸等酒器1200余件，这些酒器巧夺天工，仿佛进入中国千年酒文化历史长廊观赏一幅幅色彩斑斓的画面。史前时期"初入酒乡"，土陶酒器纯朴可爱。夏商周时期"礼以酒成"，青铜酒器高贵典雅。秦汉时期，金银玉瓷酒器精美绝伦。魏晋时期，酒器纹饰开始多姿多彩。唐宋时期，巧夺天工的唐三彩酒器风韵无限。辽金时期，实用性酒器散发着浓烈的游牧气息。元代青花瓷诞生，掀开了彩瓷酒器的璀璨篇章。明清时期，中国瓷酒器造型奇特多样，纹饰吸纳国画艺术精粹，品位超凡，而金玉酒器则尽显帝王奢华。清末民初，酒器有了商誉职能，字号和酒名大量出现在酒器上。千百年来，这些酒器见证了汾酒的生产、汾酒的饮用，见证了朝代更替、世事兴衰，见证了世人的荣华富贵、贫困潦倒，见证了英雄豪杰的豪言壮语，也见证了才子佳人的情思爱意，它凝聚了无数的文化信息，融陶艺、绘画、书法、诗词、商品包装、民间故事、风俗民情等为一体，体现了酒文化的博大精深。这些酒器不仅是无声的诗，立体的画，凝固的音乐，含情的雕塑，不朽的艺术；而且还是历史的足迹，生活的缩影，民族的品牌，国家的名片，让人在潜移默化中受到美的启迪，产生深层的人生感悟。

　　徜徉在这些汾酒器之间，就是对中国汾酒酿造业的起源和独特传统工艺的一次远古探访，让人感受到汾酒深邃的历史文化底蕴，领略到中国酒文化在山西杏花村的传承和发展。徜徉在这些汾酒器之间，流淌在心田的是中国酒文化的主脉，这是一个历史文化脉络清晰、传承有序、框架完整、从未间断、影响深远的名酒文化史。它如同一条浩荡的酒文化长河，在这里起源，又从这里延伸。这些酒器是"传承国宝，清香久远"的铁证，是对我国第一文化酒最具权威的诠释，彰显了一个高品质、高定位、高水平的汾酒文化历史长廊。

　　在纪念改革开放40周年之际，我们在汾酒博物馆藏酒器中撷取精品，编辑出版《汾酒博物馆历代酒器选集》，让广大酒文化爱好者、酒器收藏家品鉴，以充分了解杏花村汾酒文化的悠久历史和辉煌成就。

　　由于时间紧张，学力有限，本图集难免有错误和不足之处，还请各位读者指正。

目　录

图 版

商弦纹青铜爵　口径15～17、高17、腹径7厘米

商蟠虺蕉叶纹青铜觚　口径14、底径8、高26、腹径4厘米

春秋蟠虺纹双耳青铜舟　口径12~12.8、底径6~7.5、高6.8厘米

春秋蟠虺纹双耳青铜舟　口径12~15、底径7~9、高8厘米

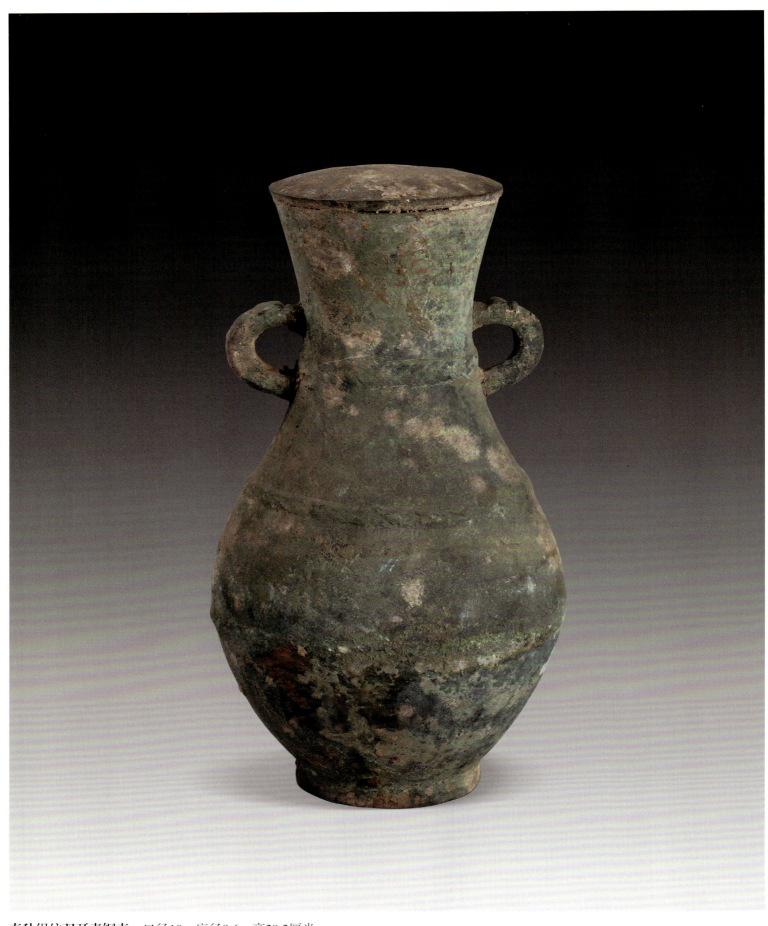

春秋绳纹双耳青铜壶　口径10、底径8.6、高29.2厘米

春秋蟠螭纹青铜匜　口宽7.3、底边长9.6、高2.8、通长17.9厘米

春秋绳纹双耳灰陶罐 口径16、底径13.5、高47厘米

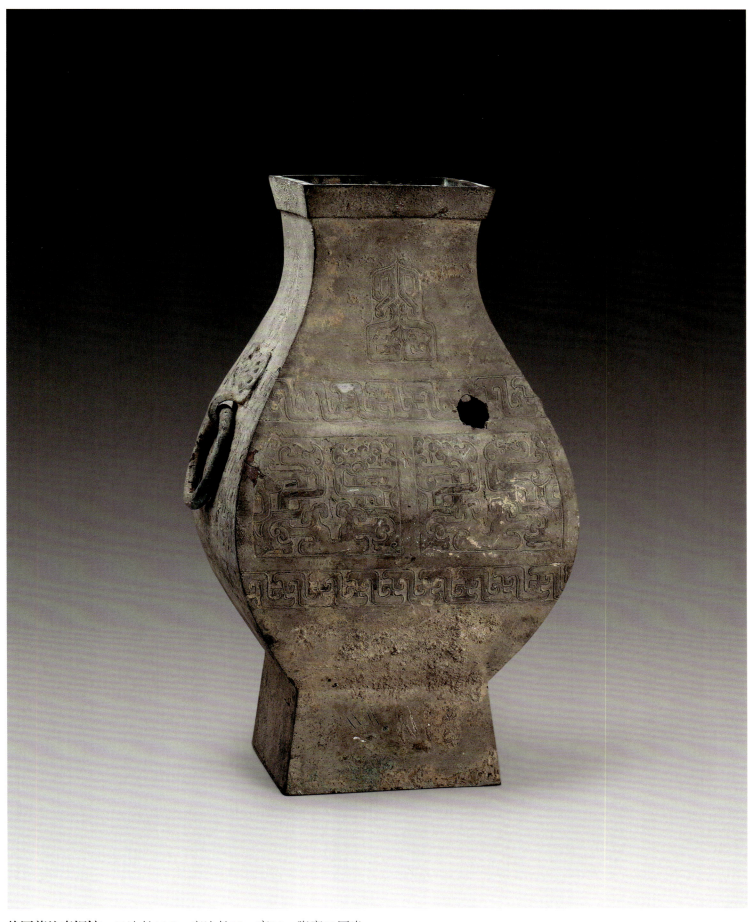

战国夔纹青铜钫　口边长11.5、底边长13、高36、腹宽20厘米

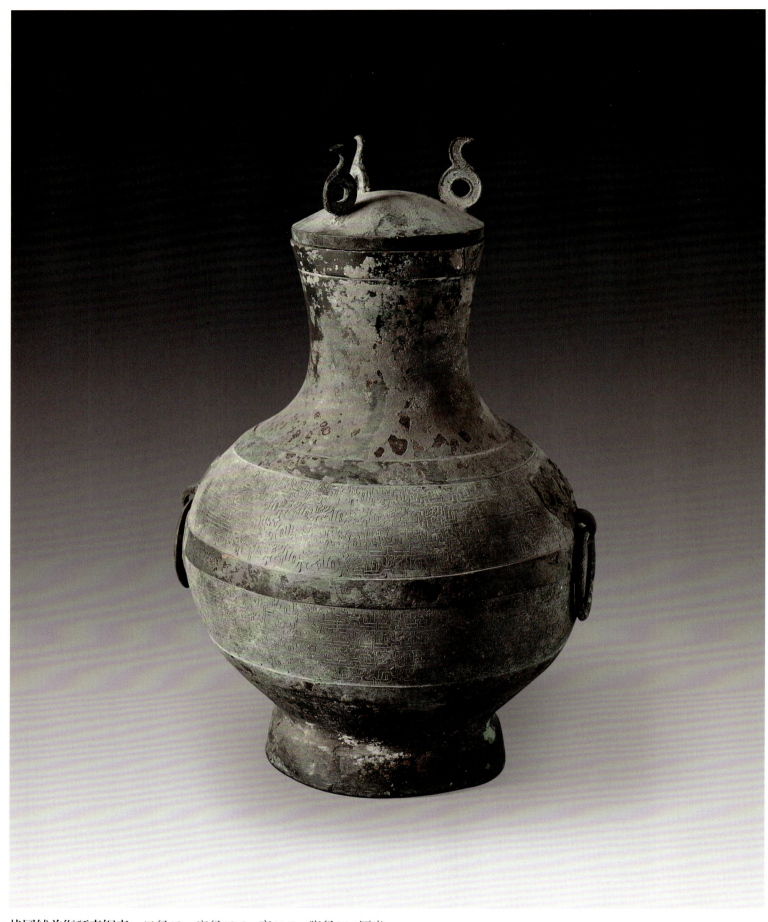

战国铺首衔环青铜壶　口径12、底径13.6、高41.7、腹径26.4厘米

汉鸟首方柄青铜镳壶　口径8、足高2.8、通高12.5、腹径14.5厘米

汉长柄青铜勺　口径18.6、底径约9.1、高8.9、通长40.2厘米

汉组环龙首提梁青铜鎏　　口径10.5、底径10.5、高22、腹径10.5厘米

汉铺首衔环青铜壶　口径12.3、底径16.1、高37.7、腹径27.4厘米

汉提梁三足青铜錔镂　口径9、足高3.6、通高15.7、腹径14.5厘米

汉鸟形嘴提梁青铜鍂镂　口径9、高15.3、腹径13.1厘米

汉蒜头长颈青铜壶　口径3.6、底径13.4、高37.5、腹径21.1厘米

汉蒜头青铜扁壶　口径4.5、底径7.5~14厘米、高19.5厘米

汉蒜头青铜扁壶　口径4.3厘米，底边长13.9、宽7.1厘米，高25.5厘米

汉蒜头青铜扁壶　口径4厘米，底边长16、宽8厘米，高29、腹径31厘米

汉铺首衔环青铜钫　口边长11.4、底边长13.9、高26.5厘米

汉雁首青铜壶　底径13、高25.5、腹径18.5厘米

汉蒜头长颈青铜壶　口径3.2、底径12.5、高37厘米

汉蒜头长颈青铜壶　口径3.3、底径14、高40.7厘米

汉蒜头长颈青铜壶　口径3.2、底径12、高34、腹径19厘米

汉青铜温酒器 口径11.6、底径14.5、高10.1厘米

汉铺首衔环青铜壶　口径7.3、底径8.5、高16、腹径12厘米

汉铺首衔环青铜壶　　口径10.5、底径11.9、高29.8厘米

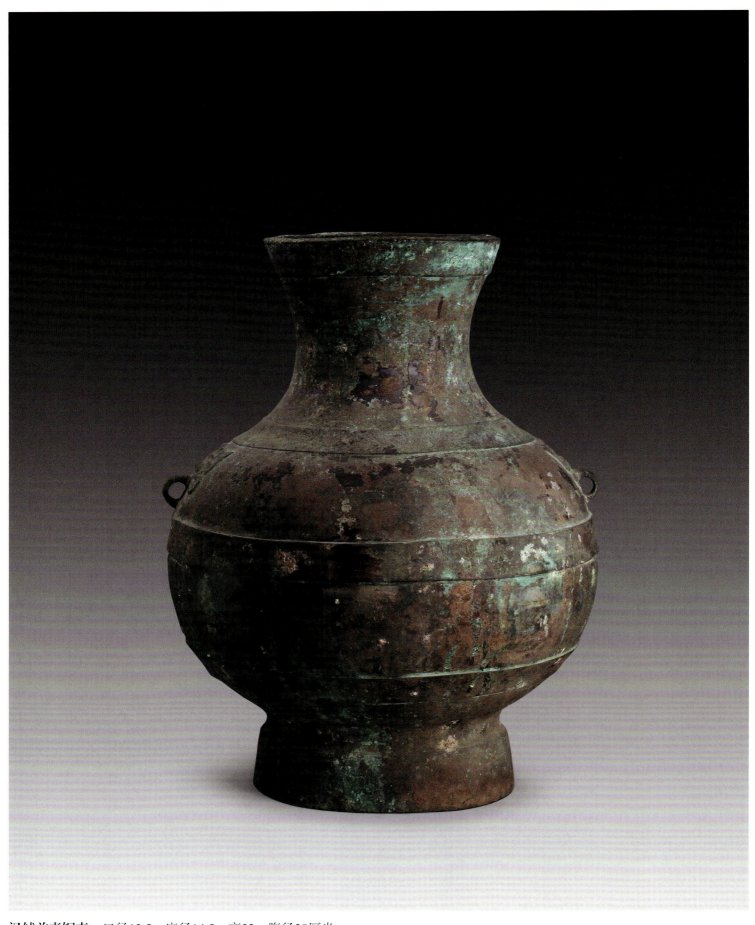

汉铺首青铜壶　口径13.5、底径14.5、高32、腹径28厘米

汉铺首衔环青铜钫　口边长6.2、底边长6.5、高17厘米

汉铺首衔环青铜钫　口边长11.9、底边长13、高40.3、腹边长21.2厘米

汉彩绘灰陶盖壶　口径11.5、底径12.5、高29、腹径19.3厘米

汉彩绘双耳红陶杯　口径10.5~14、底径5.5~9.5、高4厘米

汉彩绘双耳灰陶杯　口径7.7~9.7、底径2.5~5.3、高3厘米

汉鸭首白陶壶　口径3.5、底径15、高32.5、腹径18.5厘米

汉绿釉弦纹陶壶　口径12、底径11.5、高32、腹径25.5厘米

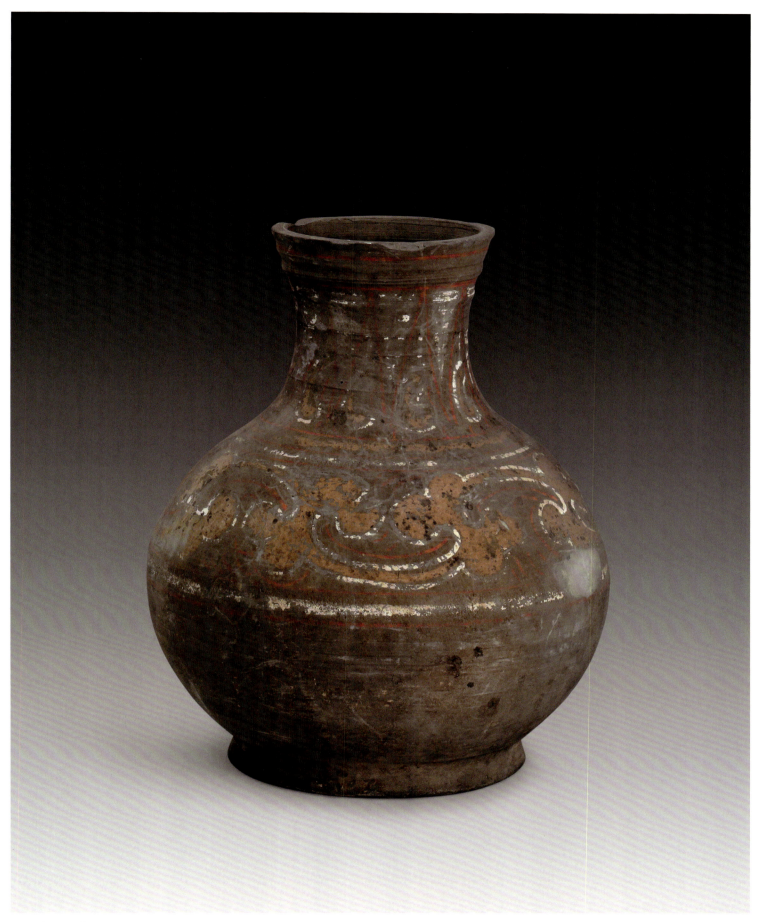

汉彩绘灰陶壶　　口径9.5、底径13、高23.5厘米

汉雁首灰陶壶 底径13、高35.5、腹径18.5厘米

汉茧形灰陶壶　口径12、底径10.7、高20.5、腹径17.2厘米

汉彩绘茧形灰陶壶　口径10、底径9、高24、腹径26厘米

隋青釉弦纹瓷罐　口径4.8、底径10、高27.5厘米

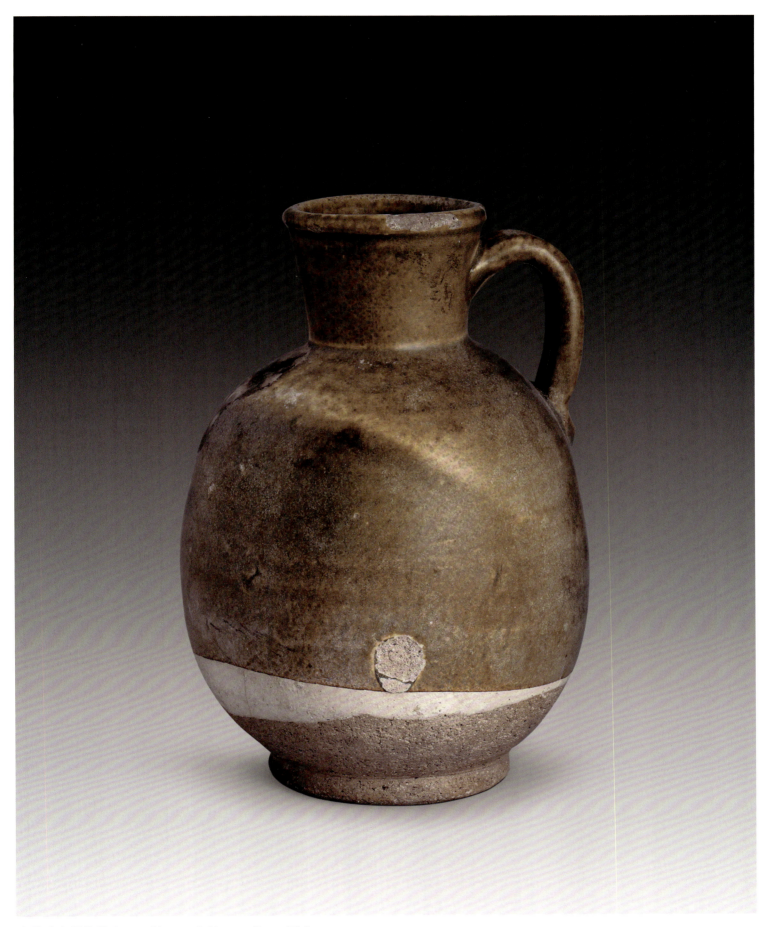

隋茶叶末釉瓷执壶　口径6.3、底径7.5、高18.7厘米

隋青釉四系瓷罐　口径9.9、底径17.7、高18.8厘米

唐黑釉双系瓷执壶　口径7.6、底径9.5、高22.7厘米

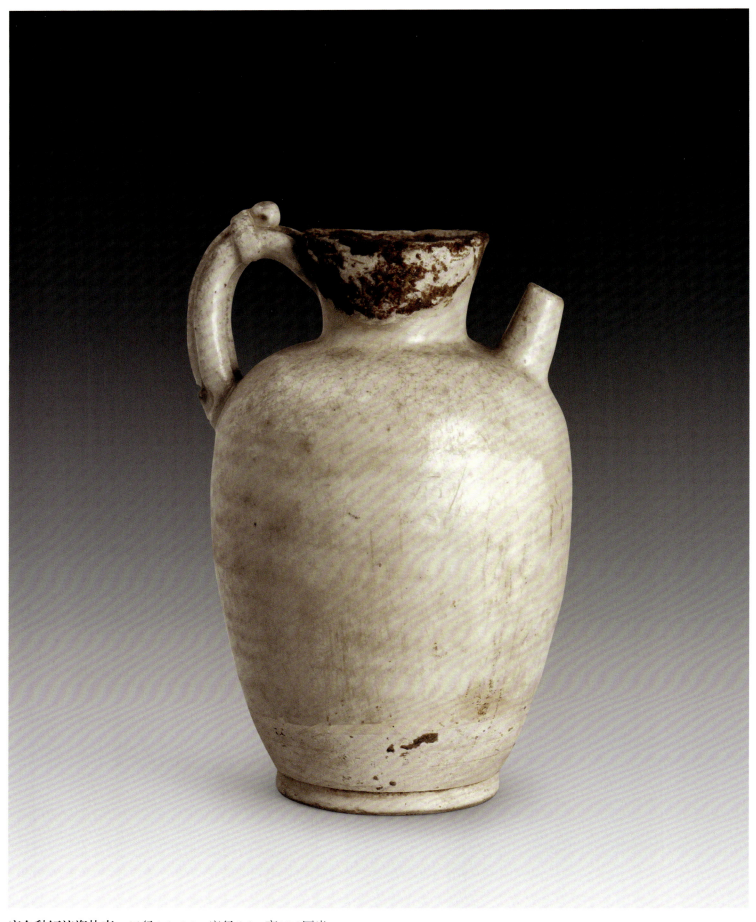

唐白釉短流瓷执壶 口径4.6~5.4、底径6.6、高17.2厘米

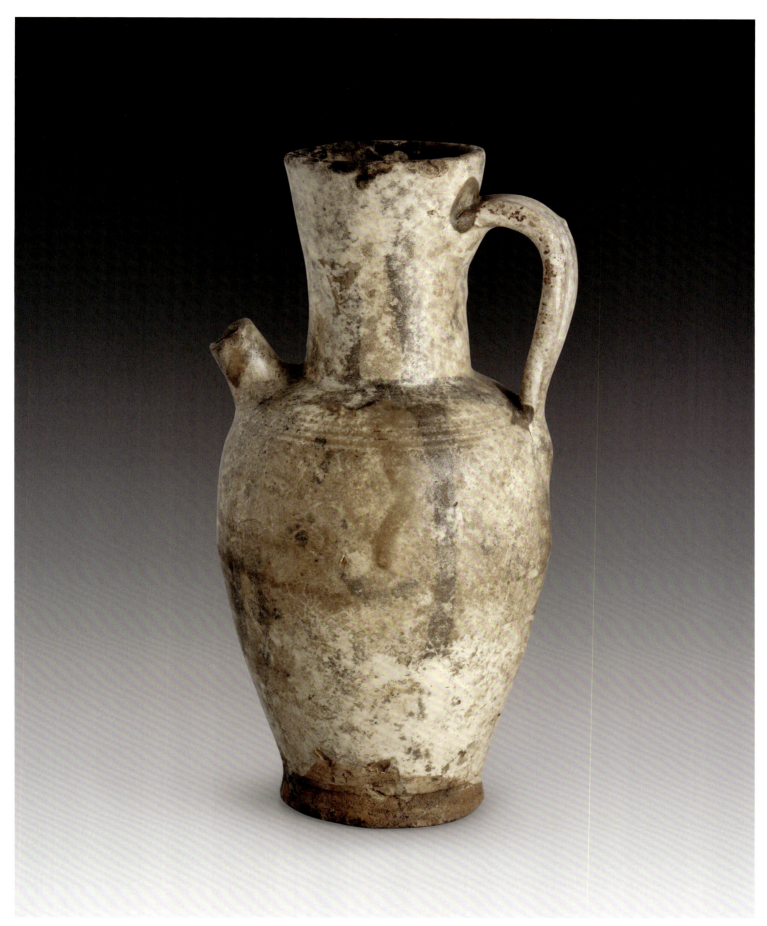

唐白釉短流瓷执壶　口径5.8、底径6.2、高20.1厘米

唐青釉瓷葵瓣杯　口径7.5、底径3.1、高3.8厘米

唐白釉瓷碗　口径12.5、底径3.9、高5厘米

宋影青印花瓷斗笠碗　口径13.85、底径3.75、高5.2厘米

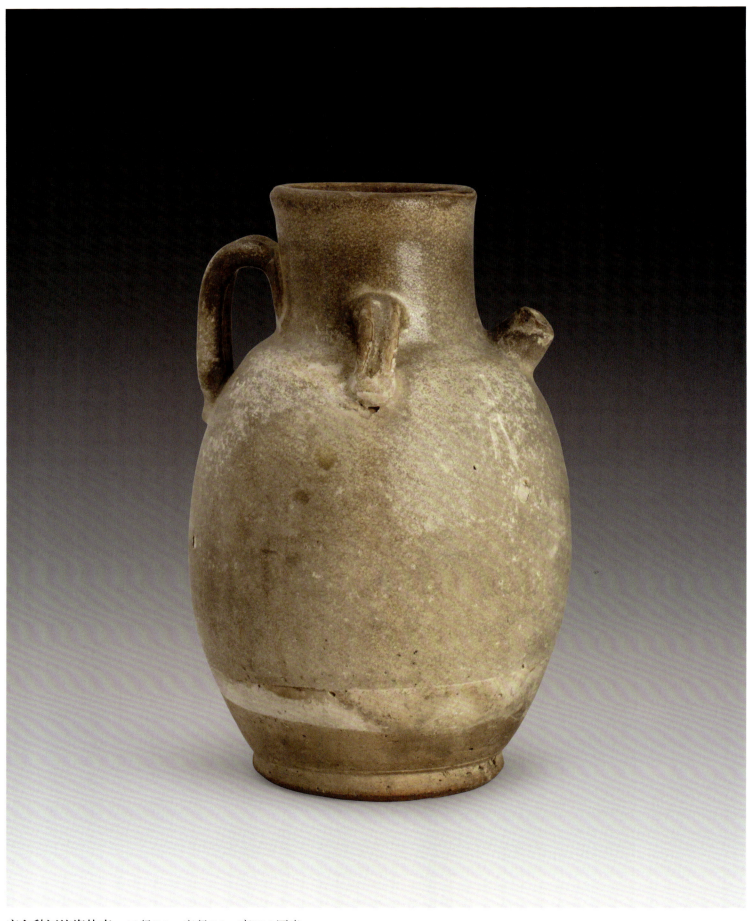

唐白釉短流瓷执壶　口径5.8、底径6.2、高20.1厘米

宋褐釉葫芦形瓷瓶　口径3、底径7.8、高20.7、腹径12.4厘米

宋影青压花瓷执壶　口径5、底径6.8、高18.6、腹径15.3厘米

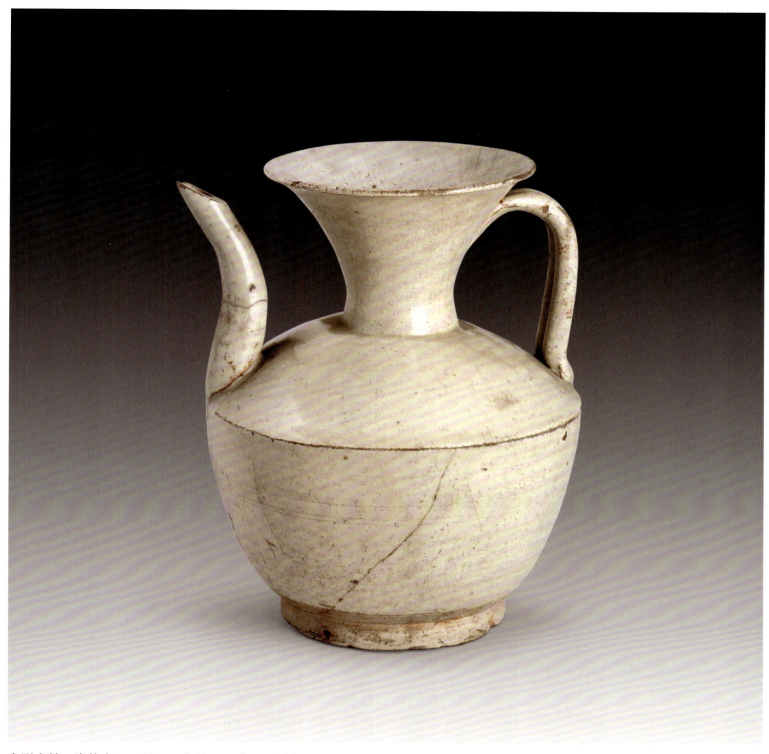

宋影青敞口瓷执壶　口径10、底径8.5、高18.2厘米

宋白釉褐彩题字瓷梅瓶　　口径4.2、底径9.3、高30.6、腹径13.4厘米

宋黄釉瓷梅瓶　口径5.6、底径10.8、高39.2、腹径16.5厘米

宋白釉褐彩瓷梅瓶　口径5.6、底径10.7、高38.3厘米

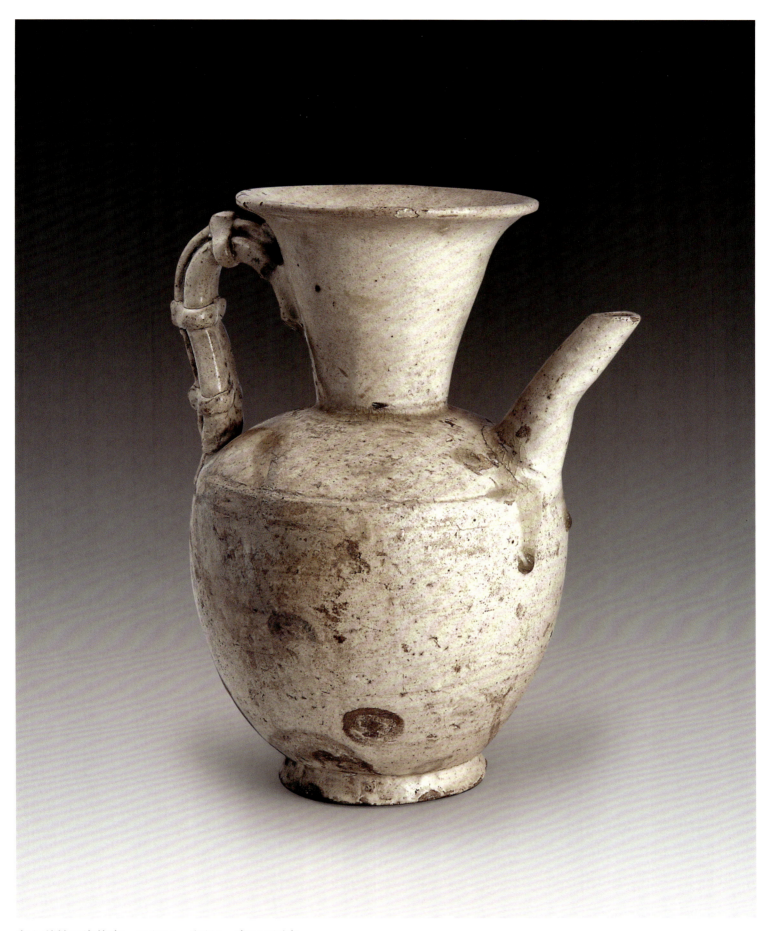

宋白釉敞口瓷执壶　口径12、底径9、高24.8厘米

宋茶叶末釉瓷执壶　口径7、底径8.4、高16.5厘米

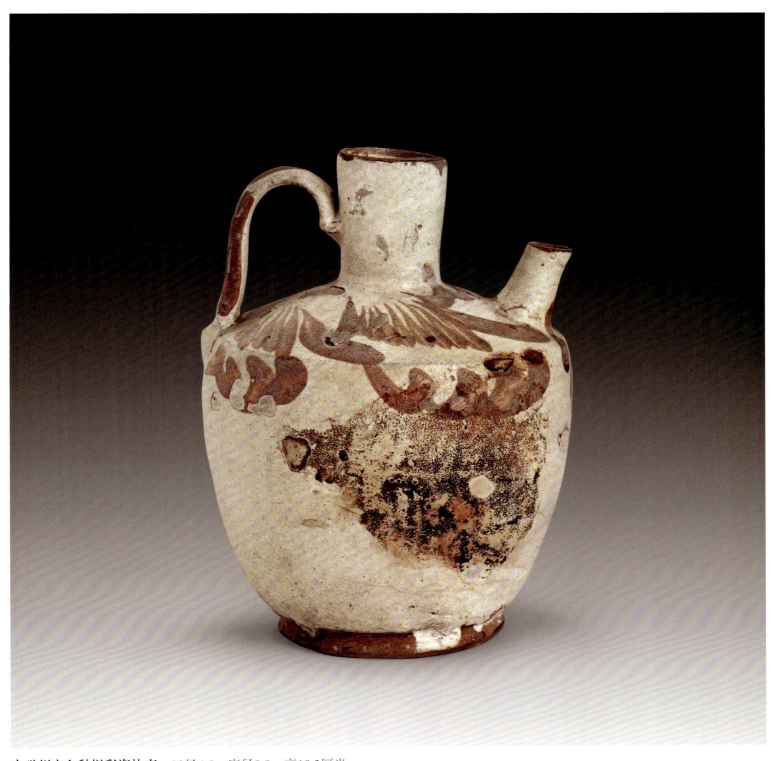

宋磁州窑白釉褐彩瓷执壶　口径4.5、底径8.8、高18.3厘米

宋白釉褐彩圆腹瓷瓶　口径5.8、底径11.2、高35.2、腹径28厘米

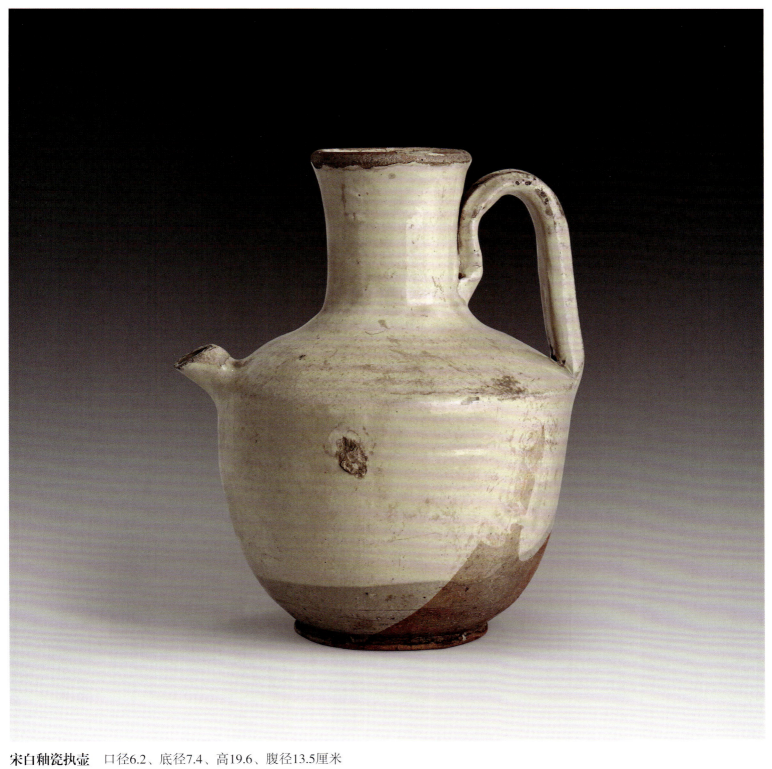

宋白釉瓷执壶　口径6.2、底径7.4、高19.6、腹径13.5厘米

辽白釉瓷皮囊壶（1对） 口径2.5、底径8.4、高24.8厘米

辽白釉瓷皮囊壶 口径2.2、底径8.5、高25.6厘米

辽三彩龙柄葫芦形瓷壶　口径4.1、底径6.7、高17.8厘米

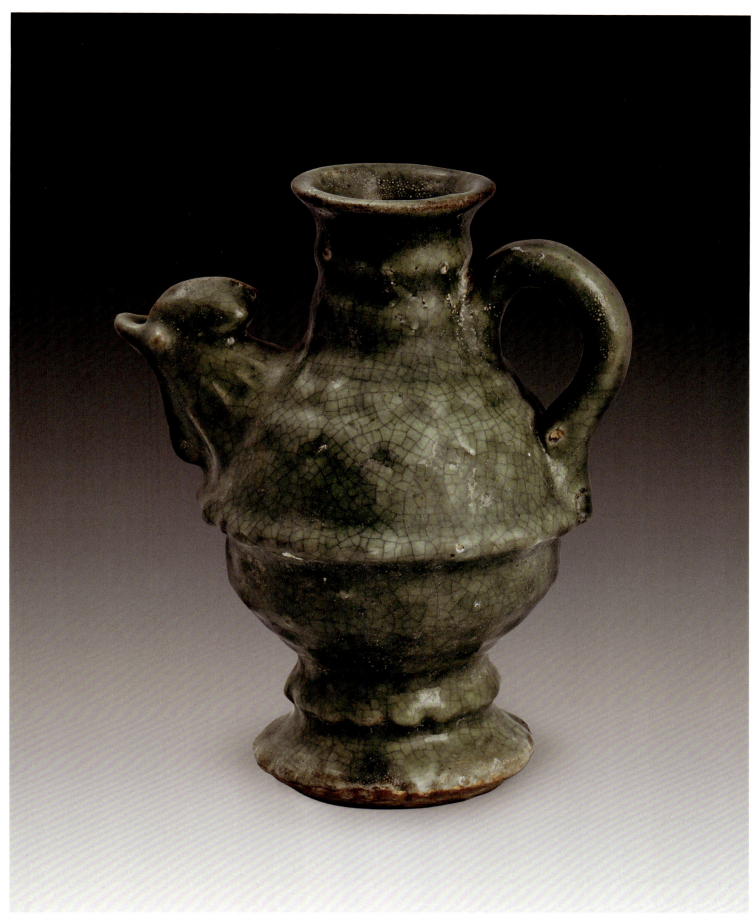

辽绿釉鸡首瓷壶　口径5.5、底径7.8、高17.3、腹径10.8厘米

金褐釉瓷梅瓶　　口径4.5、底径8.5、高39厘米

金褐釉刻花双系瓷罐　口径4.3、底径9.9、高26.6、腹径19厘米

金白釉瓷碗 口径8.5、底径3.2、高4厘米

金褐釉高足瓷杯　口径10.8、底径4.1、高6.2厘米

金褐釉瓷梅瓶　口径4.7、底径9.2、高35厘米

金褐釉瓷梅瓶　口径3.8、底径9、高27.2、腹径12厘米

金褐釉四系瓷瓶 口径4.7、底径7.6、高30.6、腹径13.6厘米

金褐釉瓷梅瓶　口径4.1、底径8.3、高31厘米

金酱釉瓷梅瓶　口径4.7、底径9.2、高31.5厘米

金花釉瓷鸡腿瓶 口径5.1、底径10.2、高37.5厘米

金白釉瓷梅瓶 口径4.8、底径8.2、高28.3、腹径13.2厘米

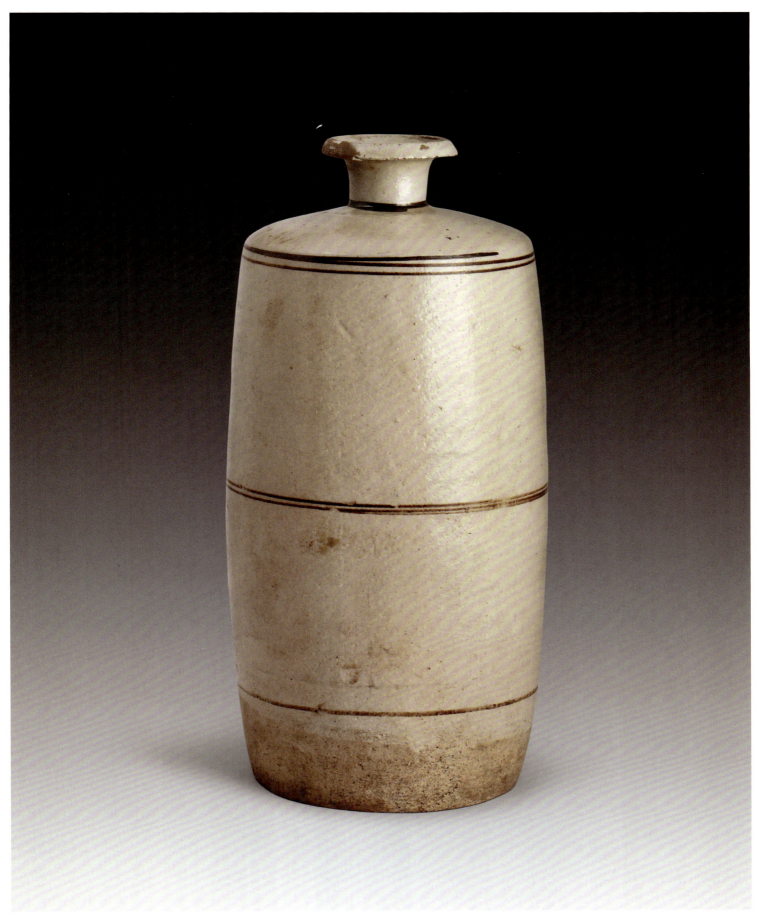

金白釉筒形瓷瓶　口径5、底径10.5、高25厘米

金白釉褐彩花卉纹瓷执壶　口径4.5、底径8.8、高18.3厘米

金黑釉剔花瓷瓶　口径4.3、底径10.8、高28厘米

金黑釉剔花双系瓷罐　口径12.8、底径13.8、高41.4、腹径35.7厘米

金黑釉褐斑圆腹瓷瓶　口径4.5、底径10.2、高20.8厘米

金褐釉铁锈花圆腹瓷瓶 口径4、底径10.7、高24、腹径20厘米

金黑釉铁锈花小口瓷瓶 口径4、底径10.7、高24、腹径20厘米

金茶叶末釉划花瓷罐　口径19.1、底径18.9、高26.2、腹径30.7厘米

元黑釉铁锈花圆腹瓷瓶　口径4.5、底径10.2、高20.8厘米

元褐釉折肩瓷瓶 口径6.3、底径6.1、高17.2、腹径18.8厘米

元黑釉瓷玉壶春瓶　口径7.2、底径8.6、高28.2厘米

元褐釉直口瓷瓶　口径4.5、底径9.9、高26.4厘米

元黑釉瓷玉壶春瓶　口径8、底径7.7、高27.3厘米

元黑釉折肩瓷瓶　口径3.9、底径7.8、高23.7、腹径16.7厘米

元黑釉剔花瓷瓶　口径4.4、底径10.5、高34厘米

元褐釉题字瓷梅瓶　　口径7.2、底径7.8、高36.4、腹径17厘米

元褐釉瓷瓶　口径6.3、底径9、高26.4、腹径13.4厘米

元白胎瓷梅瓶　口径4.1、底径8.3、高31厘米

元黑釉瓷玉壶春瓶　口径7.2、底径8.6、高28.2厘米

元青釉瓷瓶　口径9、底径7.5、高29、腹径14厘米

元褐釉瓷瓶 口径5.2、底径7.9、高19.9、腹径14.7厘米

元白釉褐彩瓷玉壶春瓶　口径5.5、底径5.7、高16.4厘米

元棕釉褐彩瓷梅瓶 口径5.6、底径9.8、高31.5、腹径16.4厘米

元褐釉瓷梅瓶　口径3.5、底径5.8、高23厘米

元褐釉圆腹瓷瓶　口径4.7、底径12.5、高18.2、腹径17.7厘米

元褐彩圆腹瓷瓶　口径4.9、底径11、高22、腹径19.7厘米

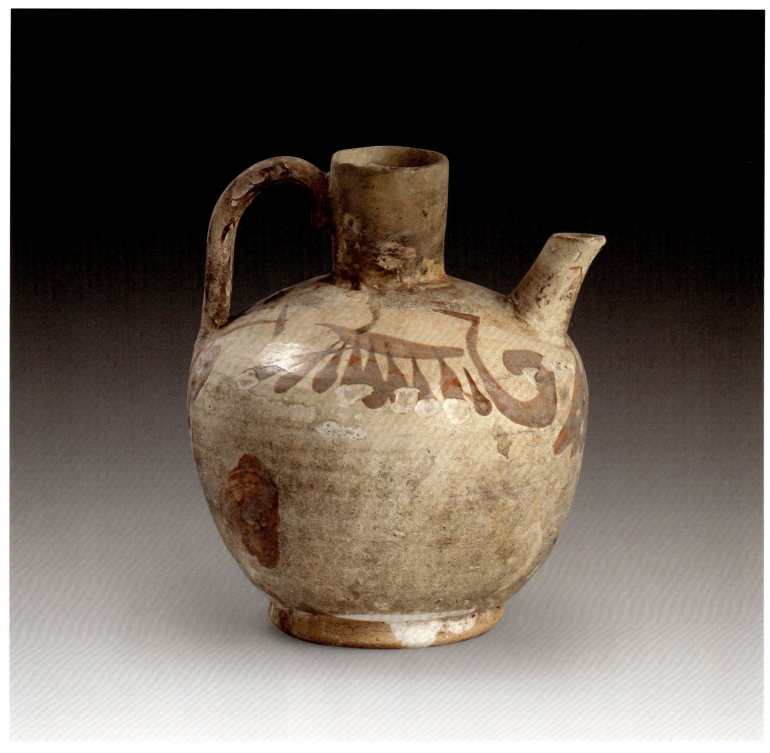

元白釉褐彩瓷执壶 口径3.8、底径8、高17.5、腹径13.5厘米

元磁州窑十二生肖纹瓷瓶　口径4.8、底径7.6、高21.5、腹径12.8厘米

元白釉褐彩弦纹筒形瓷瓶　口径4、底径9、高22.8厘米

元白釉褐彩高足瓷杯　口径8.8、底径4.1、高8.4厘米

元磁州窑褐彩高足瓷杯　口径9.3、底径4.6、高9厘米

元白釉高足瓷杯　口径8.4、底径3.1、高6.2厘米

元黑釉高足瓷杯　口径9.2、底径3.7、高8.3、腹径8.3厘米

元白釉菊纹瓷碗　口径14.5、底径6.5、高8厘米

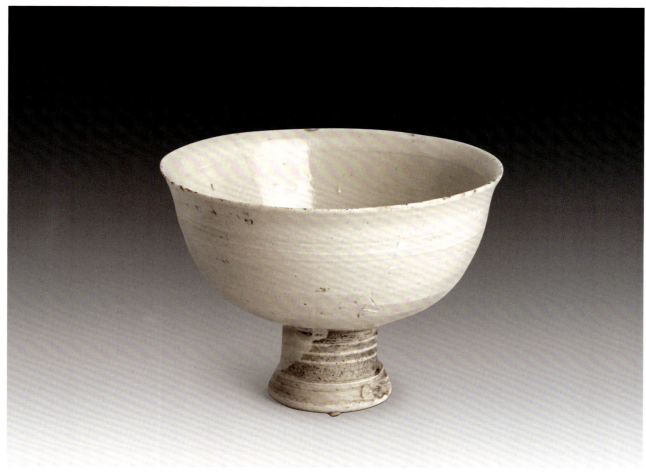

元白釉高足瓷杯　口径8.4、底径3.1、高6.2厘米

元白釉高足瓷杯　口径7.8、底径3.8、高9厘米

元白釉高足瓷杯　口径12、底径4.1、高10.2厘米

元黑釉高足瓷杯　口径10.8、底径4、高6.3厘米

元黑釉刻花瓷瓶　口径4.2、底径9.6、高32.6厘米

元黑釉刻花瓷瓶　　口径3.7、底径5.6、高15.6厘米

元黑釉剔花双系瓷瓶 口径5.7、底径12.8、高32、腹径22.3厘米

元黑釉弦纹瓷罐　口径16.4、底径11.8、高25.8、腹径21厘米

元褐釉剔刻花瓷瓶　口径4.3、底径10.8、高28厘米

元褐釉瓷鸡腿瓶　口径5.1、底径10.2、高37.5厘米

元黑釉剔刻花瓷瓶　口径4.2、底径9.6、高32.6厘米

元黑釉双系瓷瓶　口径4.5、底径7、高15、腹径11厘米

元磁州窑酱釉剔花瓷瓶　口径4.5、底径8.2、高20、腹径16.2厘米

元白釉褐彩瓷罐　口径4.5、底径9.7、高21.7厘米

元白釉褐彩小口瓷罐　口径4、底径10.5、高25.9厘米

元白釉褐彩瓷玉壶春瓶　口径7.2、底径9、高26.6厘米

元白釉褐彩瓷瓶　口径4.3、底径5.8、高16.4、腹径11.7厘米

元白釉褐彩题字瓷酒坛　　口径4、底径11、高23.7、腹径22厘米

122

元磁州窑牡丹纹瓷瓶 口径4.2、底径10.4、高22、腹径22厘米

元白釉褐彩双系瓷罐　口径4.2、底径8、高20.5、腹径13.8厘米

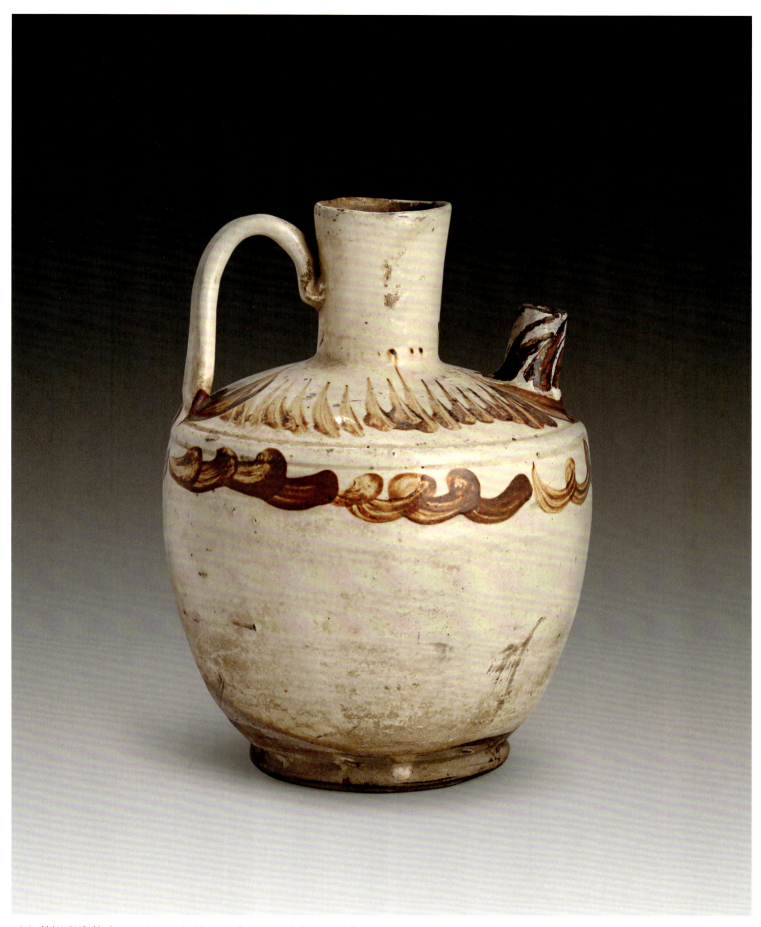

元白釉褐彩瓷执壶　口径4、底径7.8、高17.6、腹径12.5厘米

元白釉瓷玉壶春瓶　口径5.2、底径6、高16.4厘米

元白釉褐彩瓷玉壶春瓶 口径6.8、底径8.2、高29.8、腹径15厘米

元白釉瓷梅瓶　口径4.4、底径9.4、高36、腹径13.7厘米

明撇口长颈瓷壶　口径5、底径4.7、高19.5厘米

明白釉长颈瓷瓶　口径5、底径5.3、高18.7、腹径7.4厘米

明褐釉刻字瓷瓶　口径3.8、底径7.4、高16.6、腹径11.7厘米

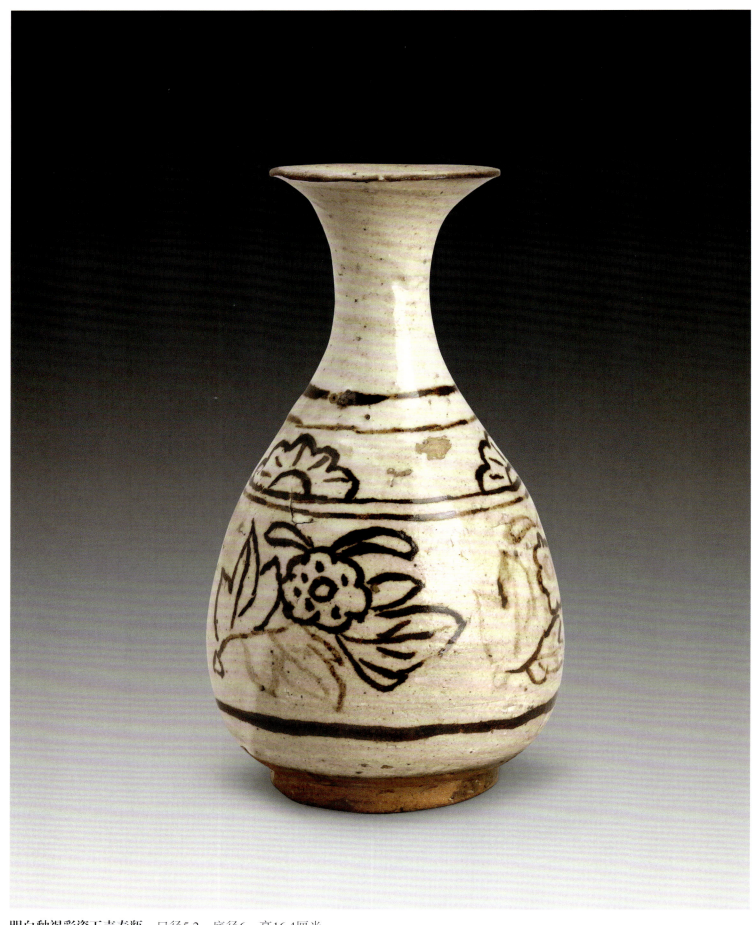

明白釉褐彩瓷玉壶春瓶　口径5.2、底径6、高16.4厘米

明黑釉双系瓷瓶　口径6.5、底径11.1、高30.8厘米

明黑釉直口弦纹瓷罐　口径5.8、底径12.5、高23.8、腹径20.7厘米

明双色釉四系瓷罐　口径9.9、底径9.4、高24.6厘米

明褐釉弦纹折肩瓷瓶　口径4.5、底径9.9、高26.4厘米

明刮釉双系瓷罐　口径4.7、底径9.4、高18.6、腹径16厘米

明黑釉小口折肩瓷瓶　口径4、底径8.5、高22、腹径17厘米

明褐釉小口折肩瓷瓶　口径4.3、底径11.9、高19.4厘米

明黄釉瓷梅瓶　口径4.5、底径9.8、高26.2、腹径11.8厘米

明褐釉瓷瓶　口径3.1、底径5.6、高16.2、腹径7.6厘米

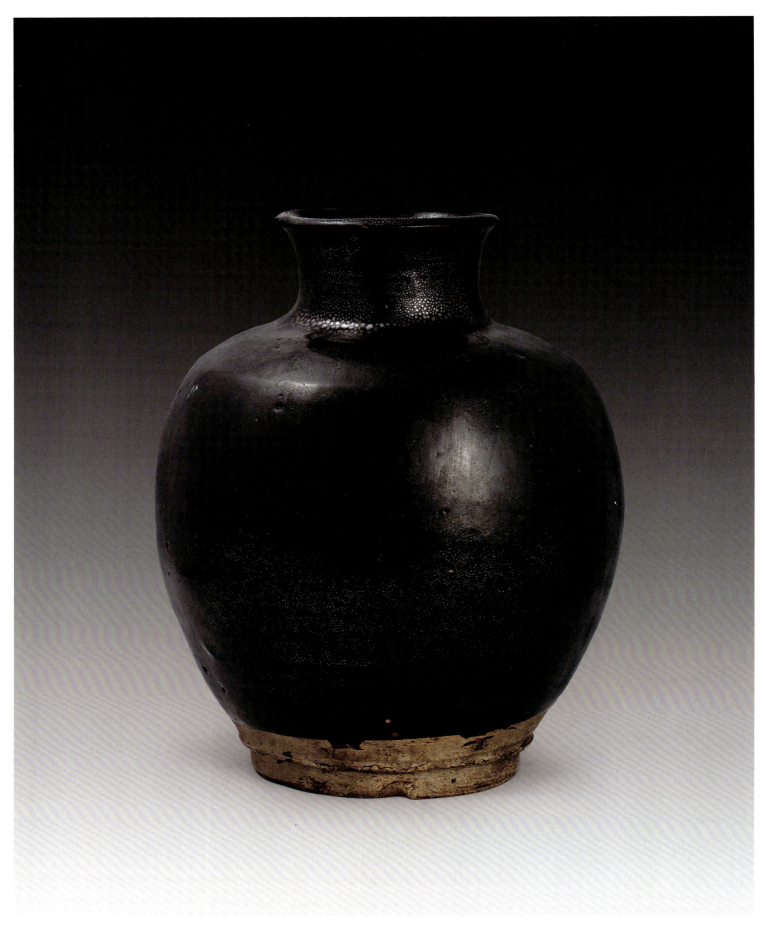

明黑釉直颈瓷坛　　口径9.5、底径11.5、高25.3、腹径19.4厘米

明黑釉双系瓷瓶　口径4.6、底径7.3、高15.6、腹径12.2厘米

明白釉褐彩花鸟题字瓷罐　口径17.1、底径18.5、高40.9、腹径31.4厘米

明白釉褐彩麒麟纹瓷罐　口径14.8、底径13.6、高23.3、腹径17.6厘米

明黄釉弦纹瓷瓶 口径6.3、底径11.9、高19.4厘米

明褐釉瓷瓶 口径4.3、底径6.2、高14.8、腹径10.8厘米

明褐釉瓷梅瓶　口径5.6、底径10.5、高27.5、腹径16.2厘米

明黄釉褐彩团寿纹葫芦形瓷瓶　口径3.2、底径16、高33.5厘米

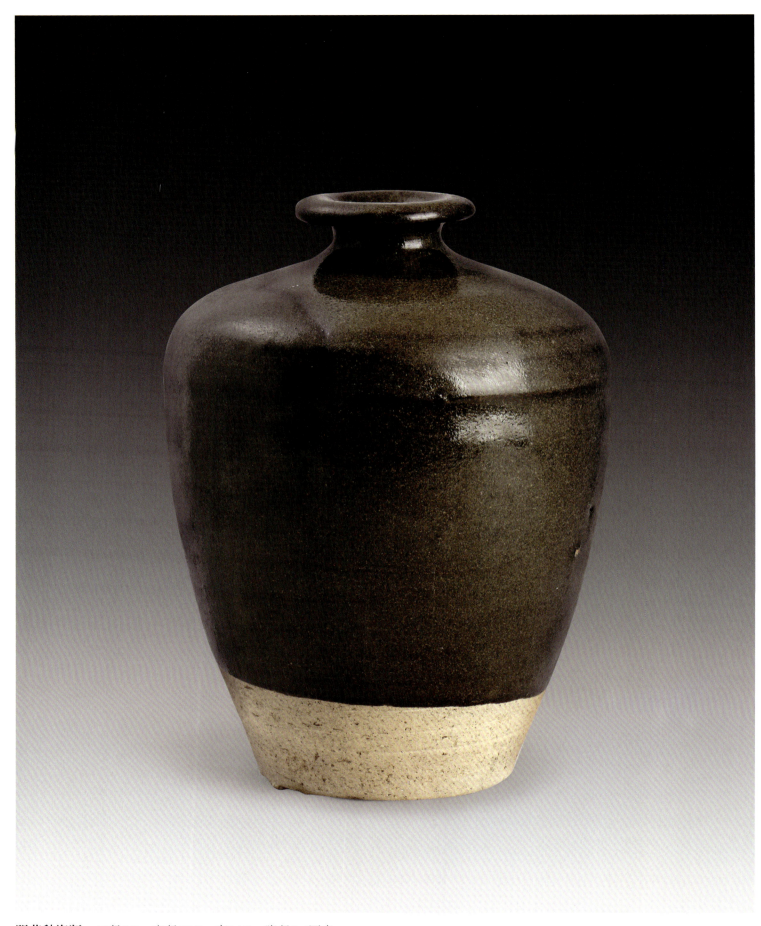

明黄釉瓷瓶 口径4.3、底径10.9、高14.7、腹径6.4厘米

清黑釉双系瓷瓶　口径4.6、底径8.1、高17.2厘米

清黑釉剔花双系瓷罐　口径13.2、底径18.3、高48.6、腹径35.9厘米

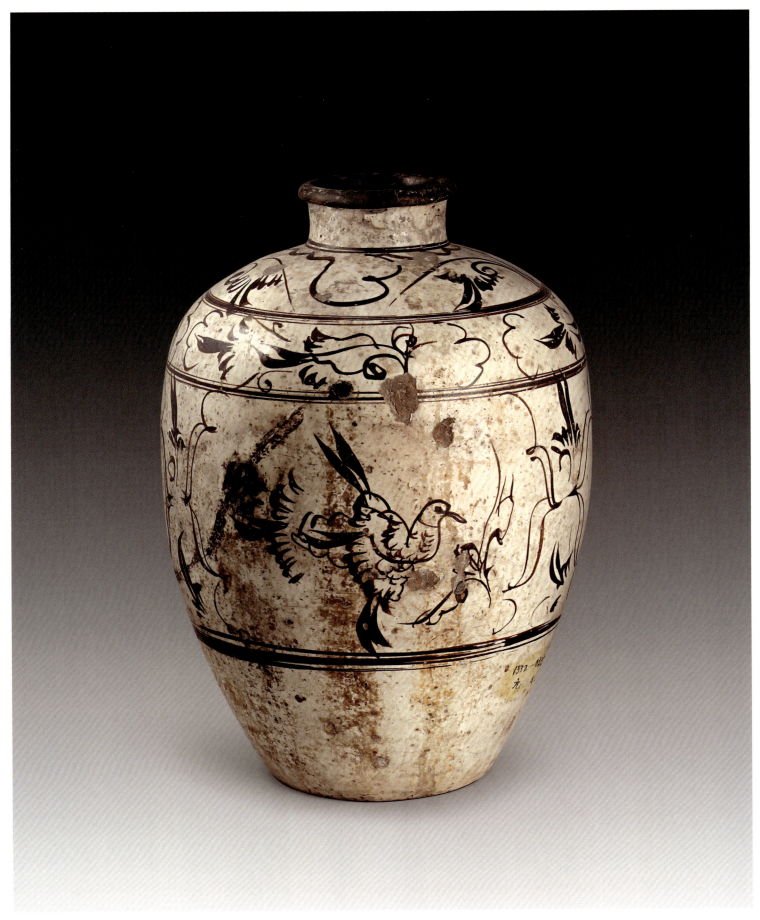

清白釉褐彩花鸟纹瓷罐　口径10、底径16.5、高44.2厘米

清炉钧蓝釉瓷罐　口径7、底径11.6、高21厘米

清褐釉印花双系扁瓷壶　口径10.3、底长径13.6、高25.2厘米

清白釉褐彩瓷瓶　口径4.3、底径5.8、高16.4、腹径11.7厘米

清绿釉双鱼人物瓷瓶　口径5、底径8、高29.5、腹径14厘米

清褐釉双鱼瓷瓶　口径3.7、底径5.7~7.5、高16.4、腹径13.7厘米

清黑釉瓷温酒瓶　口径5、底径4、高9.8厘米

清黑釉刻花方形瓷瓶　口径5.1厘米，底边长8.8、宽6.8厘米，高21.5厘米

清黄釉褐彩短流四系瓷壶 口径9.3、底径13.8、高26.4、腹径19.1厘米

清褐釉瓷壶　口径7、底径16.4、高30.5、腹径20厘米

清花釉双系扁瓷瓶　口径5.9、底径6.9~9.5、高24.5厘米

清褐釉模印双系扁瓷瓶　口径2.9、底长径3.4、高12.5、腹径10.5厘米

清褐釉刻花方形瓷瓶　口径4.4，底边长9、宽5.5厘米，高21.3厘米

清黄釉褐彩短流四系瓷壶　口径6.6、底径11.1、高32、腹径14.9厘米

清白釉褐彩题字瓷罐　口径10.6、底径11.6、高35.8、腹径24.8厘米

清黑釉双系瓷壶　口径3.6、底径9.6、高12.1厘米

清褐釉柳编纹双系瓷罐　口径5~5.6、底径5.3~6.5、高10厘米

清黑釉瓷玉壶春瓶　口径8、底径7.7、高27.3厘米

清青花花卉高足瓷杯　口径8.8、底径5.8、高8.7厘米

清豆青五彩瓷酒盅　口径9.7、底径3.6、高4.8厘米

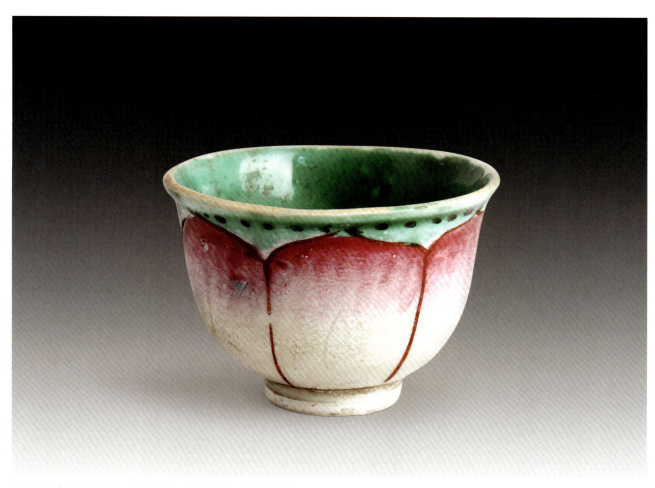

清粉彩莲花瓷酒盅　口径5.5、底径2.8、高4厘米

清粉彩高足瓷杯　口径9、底径4.5、高7.2厘米

清珐琅釉彩画花卉酒盅（1对） 口边长4.2、底边长2、高3.1厘米

清珐琅釉彩画花卉酒盅（1对） 口边长4.3、底径2.1、高3.2厘米

清青花高足瓷杯　口径12.6、底径6.3、高13.2厘米

清青花高足瓷杯　口径12.6、底径6.3、高13.2厘米

清豆青釉高足瓷杯　　口径7.3、底径3.1、高8厘米

清豆青釉高足瓷杯（1对）　　口径6.9、底径3.5、高7.2厘米

清豆青釉瓷碗（1组4件）　　口径12.6、底径6.3、高7.2厘米

清青花瓷酒具（1组3件） 壶 口径3、底径8.3、高10、腹径7.7厘米 **酒盅** 口径2.7、底径1.3、高2.2厘米

178

清青花番莲纹瓷碗　口径9.8、底径3.8、高5.2厘米

清青花飞鸟纹酒盅（**1组6件**）　口径6.9、底径2.15、高3.2厘米

清青花番莲纹酒盅（1组4件） 口径7.7、底径3.8、高5.7厘米

清德化窑白釉瓷仿犀角杯　　口径9.2、底径3.2、高5厘米

清德化窑白釉瓷仿犀角杯　口径10.1、底径4、高6.3厘米

清德化窑白釉瓷仿犀角杯　口径6.6、底径2.7、高3.6厘米

清豆青釉褐彩高足瓷杯　口径11.25、底径4.65、高8.7厘米

清霁红釉瓷玉壶春瓶　口径5.4、底径7、高15、腹径11.3厘米

清仿哥釉花卉福字葫芦形瓷瓶　口径4.2、底径7.5、高23.5、腹径13.4厘米

清钧釉葫芦形瓷瓶 口径2.5、底径5.5、高18厘米

清褐釉印福字扁瓷壶　口径3、底长径5、高12厘米

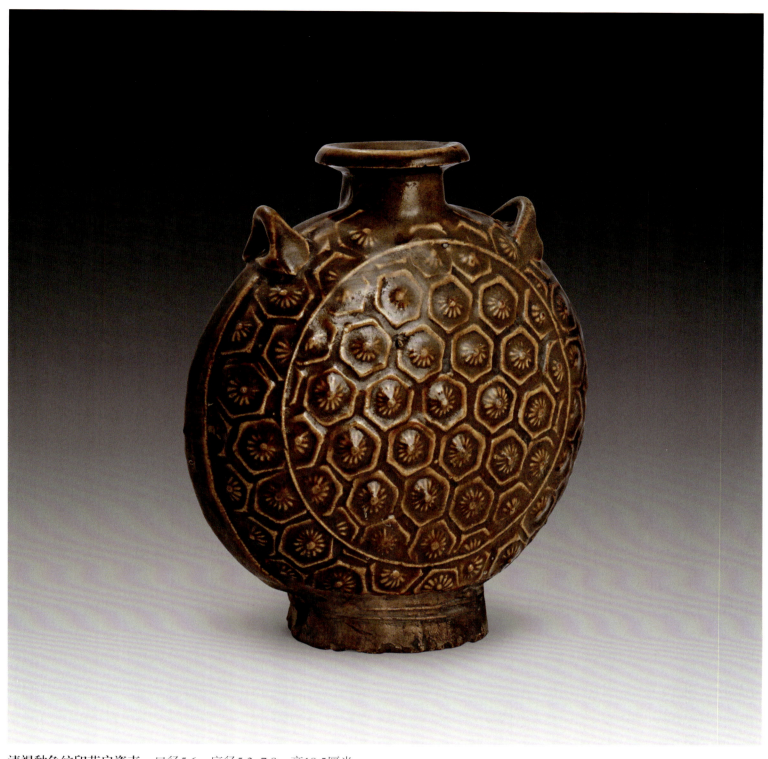

清褐釉龟纹印花扁瓷壶　口径5.6、底径5.3~7.8、高18.5厘米

清白釉褐花题诗瓷酒坛　口径17、底径22.2、高64.6厘米

清白釉褐花题诗瓷酒坛（局部）

清鸭形锡制提梁壶 口径4.2、底径5.6~10、高13厘米

清竹节把木酒杯（1组5件）　口径5.8、底径5.2、高2.9厘米

清青花缠枝纹瓷壶　口径6.4、底径12、高24、腹径12.5厘米

民国白釉莲花鱼形瓷瓶　口径3.6、底径10、高28.5、腹径16厘米

民国黑釉瓷提梁壶 口径6、底径4.8、高10.6、腹径8.8厘米

民国褐釉杏花村瓷酒壶 口径3.8、底径10.6、高18.8、腹径20.5厘米

民国黄釉褐彩四系瓷罐　口径10.4、底径12.4、高39.5、腹径23.7厘米

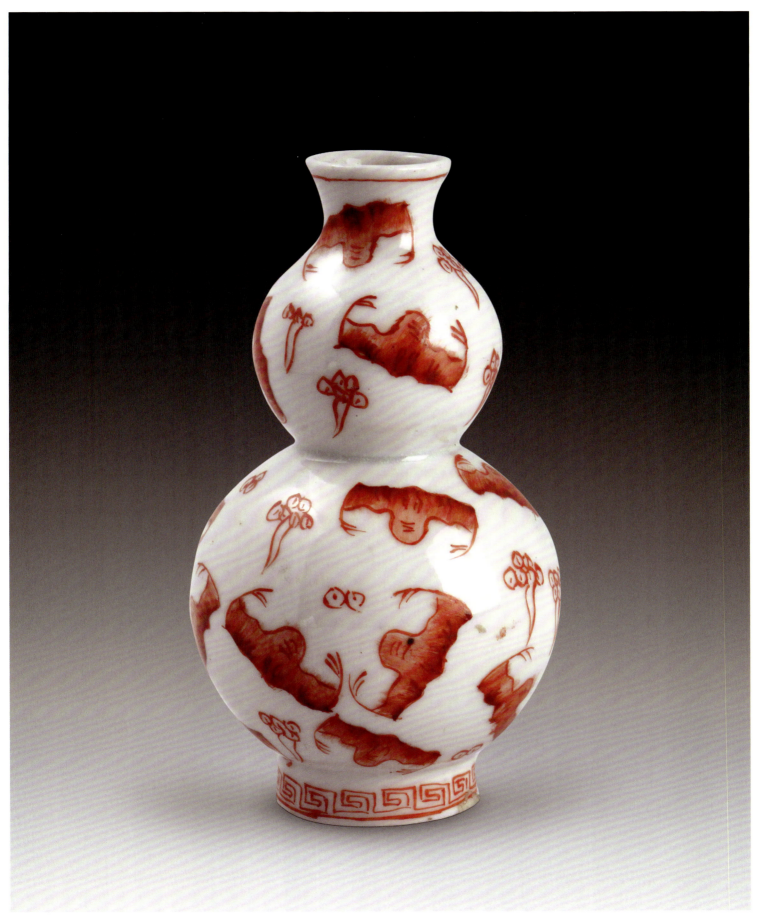

民国矾红蝙蝠葫芦形瓷瓶 口径2、底径2.9、高10、腹径5.5厘米

民国黑釉上八仙瓷瓶　口径4.2、底径9.4、高12.4、腹径23厘米

民国长颈紫砂壶　口径6.3、底径8.7、高16.7厘米

民国白瓷粉彩清明诗盖罐 口径10、底径13.5、高27.5、腹径20.2厘米

民国褐釉瓷玉壶春瓶　口径9.8、底径11.4、高23.5、腹径16.9厘米

民国酱黄釉带盖瓷执壶　口径4、底径7.03、高13.7厘米

民国白瓷童子壶　底径6、高10.7厘米

民国竹编铜胎高足杯（1对） 口径9、底径3.7、高8厘米

民国掐丝镂空珐琅釉酒杯（1组4件）　　口径5.7、底径2.9、高2.9厘米

民国掐丝镂空珐琅釉酒杯（1对）　　口径4.8、底径3.1、高7.1厘米

民国温酒铁炉 口径8.9、高8.3厘米

民国锡制方形温酒壶　　口径4.6、底边长7、高11.6厘米

民国錾花锡制温酒壶　口径2.4、底径7.3、高16.7厘米

民国六角富贵铜壶 口径4.2、底径8.6、高13.6厘米

民国提梁双狮锡制小酒壶　口径4.2、底径7、高14.3厘米

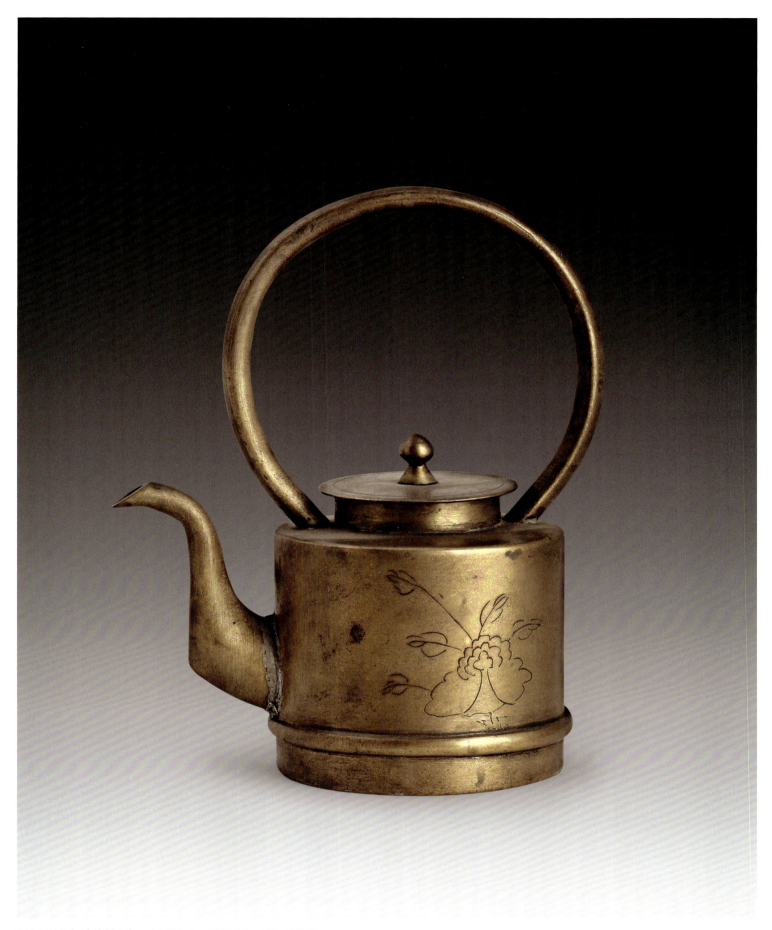

民国刻花铜制提梁壶　口径3.6、底径6.3、高13厘米

民国锡制错铜方形提梁壶　口径4.3，底边长6.7、宽6.5厘米，高16.2厘米

民国錾花铜执壶　口径3.6、底径5.8、高7.8厘米

民国铜酒盅（1组）　口径7.3、底径3.2、高4.5厘米（大）　口径5.5、底径2.9、高3厘米（中）
口径3.2、底径1.6、高1.5厘米（小）

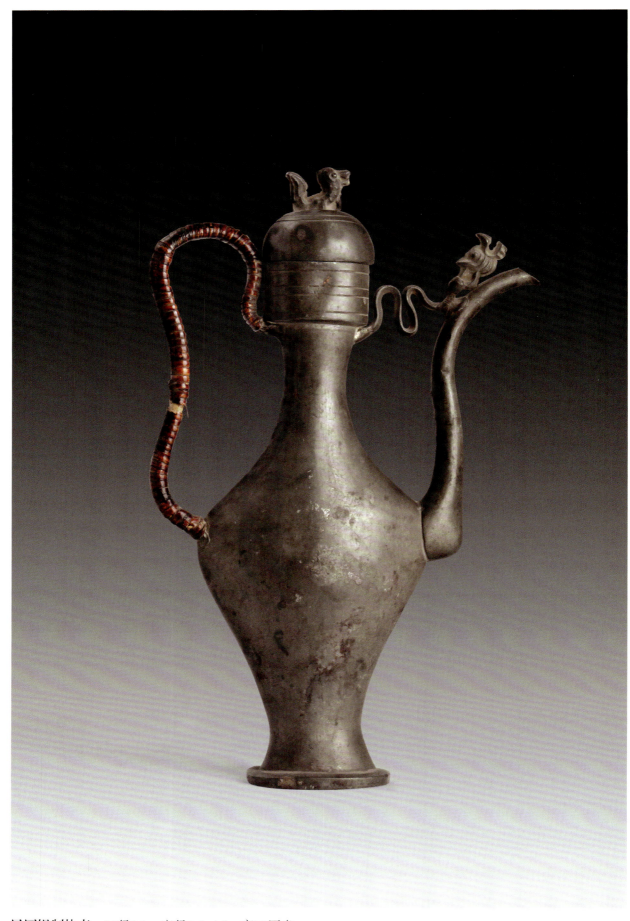

民国锡制执壶 口径3.1、底径3.5~4.5、高20厘米

民国错铜带盖锡壶　口径6、底径8.9~9.6、高14.2厘米

民国时期夔龙柄狮纽盖锡壶　口径3.5、底径5.5、高12.5厘米

民国错铜喜鹊登梅锡制方形提梁壶　　口径4.7、底边长7.5、高19厘米

民国嵌椰壳锡制温酒器　壶 口径2.8、底径5.8、高8.8厘米

民国铜制扁方形提梁壶　口径5.6，底边长15、宽7厘米，高16厘米

民国花卉八瓣锡制提梁壶　口径5.4、底径7.1、高18.3、腹径9.8厘米

民国方形锡制提梁壶　口径4.7、底边长6.6、高16.2厘米

民国铜制提梁壶　口径7.5、底径6.8、高22.8、腹径9厘米

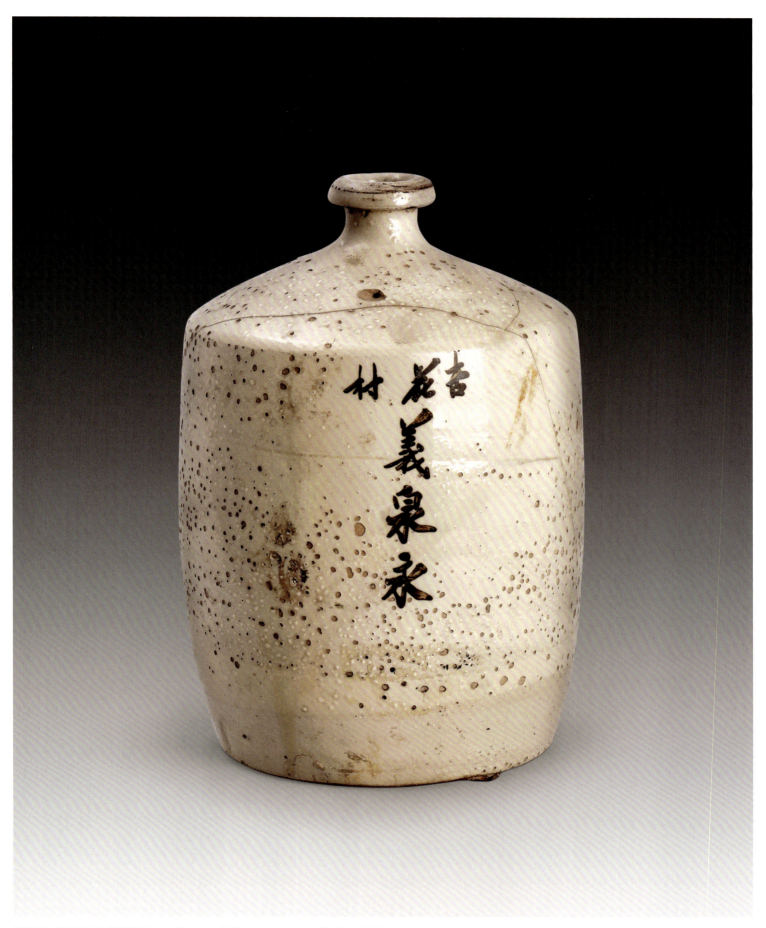

民国白釉义泉永瓷酒瓶　口径3.5、底径11、高19.5、腹径12厘米

民国褐釉义泉永瓷酒瓶　口径3.8、底径11.6、高18.8厘米

民国白釉义泉永瓷酒瓶　口径4、底径12.8、高22.2厘米

民国褐釉杏花村义泉永瓷酒瓶　口径3.5、底径10.8、高18.8厘米

民国黑釉杏花村汾瓷酒瓶　口径4、底径13.5、高24.3厘米

民国褐釉杏花村瓷酒瓶　口径3.2、底径11.3、高20.5、腹径13.8厘米

文章

谈酒 说器

宗同昌

谈 酒

酒之源头，相传华夏，初祖女娲，开世造物。
抟土成人，万物生化，果蔬黍粟，食以天下。

偶知剩食，久储异香，沁出甘露，曰之为"酒"。
杏花遗址，原始酒器，清香华夏，六千余载。

传播之路，大地流芳，汾清之名，得造花香。
酒气冲天，芳香四溢，饮后飘然，回肠荡气。

夏代国君，以姒为姓，王子杜康，善酵佳酿。
酒独祛病，气血合之，尊为酒圣，世代敬仰。

上溯千载，赋其酒香，竹林七贤，西晋刘伶。
幕天席地，《酒德颂》成，千古醉人，酒圣留名。

东晋文人，王羲之君，呼朋唤友，会稽山阴。
溪畔相聚，一觞一咏，放浪形骸，作赋唱吟。
羲之闲情，挥毫留迹，世家珍藏，七代相传。
太宗雅好，酷爱墨宝，遣史萧翼，骗得遗珍。
令冯承素，临摹笔意，真迹殉葬，昭陵安息？
扑朔迷离，千古之谜，书圣瑰宝，《兰亭序》矣。

大唐诗盛，酒助波澜，首推李白，诗酒百篇。
举杯邀月，一壶花间，圣贤既饮，千古名篇。

国之栋梁，科举唯贤，巨擘韩愈，掌国子监。
传礼弘儒，司职祭酒，秉承源流，始于商周。
清王懿荣，三任祭酒，发现甲骨，追本溯源。

宋朝水浒，百余好汉，推杯换盏，聚义厅前。
单说武松，十八大碗，醉打猛虎，民间流传。

元朝大汗，射雕彪悍，葡萄美酒，庆功盛宴。
蒸馏白酒，此朝出现，酒浓气盛，驰疆无边。

大明风范，杨慎诗仙，《临江仙》出，世人皆叹。
一壶浊酒，喜相逢焉，古今世事，付诸笑谈！

清帝乾隆，胸怀天下，避暑山庄，万树赐宴，
以宴解怨，一统江山。为昭皇恩，又千叟宴，
紫禁城中，酒敬耄耋，恩隆礼洽，万古称赞。

说　器

华夏历史，酒之长河，琼浆美器，异彩纷呈。

上古之初，抟土拙器，夏粗商朴，汉威唐韵。
宋雅元犷，明简清繁，由陶而瓷，越数千载。

物华天宝，五行融器，金铸为壶，木雕成觞。
水和岭土，火呈七彩，玉堂佳器，天地馈之。

天工开物，匠心独运，爵瓠卣樽，金铜铁锡。
珐琅料器，雕漆琢玉，千工百坊，祖传手艺。

高天厚土，至尊礼器，泼洒江河，祭天敬地。
社稷永固，子孙受之，天下太平，永受嘉绩。

借问酒家，遥指杏花，酿造千载，四溢芳香。
汾酒古坊，名扬天下，巴拿马奖，百年荣誉。

文化传承，胸怀博大，广收酒器，尽揽名窑。
下到民国，上至仰韶，以史为鉴，立馆藏宝。

赏酒器 说汾酒

韦 木

说到酒，竟莫名其妙地想到了那本最"不易"读懂的书——《易》。

酒态常为液体，柔顺无骨，属阴；酒性本为发散，刚烈迸发，属阳。一物之中，极呈两仪之象，完善了自身不同凡响的哲学。酒又有五行之征。陶也罢，瓷也罢，都是人们抟土而造，酒与土如影随形几千年。青铜出现以后，精致的器形，精致的花纹，罐、卣储酒，斝、觚为饮，酒在华贵的金属衬托之下，不亏了"万世流芳"这四个字。木，不说西方的橡木，仅就我们五粮成酒的过程，和传统瓶、壶的密封物，饮酒时的木制桌椅，便可以知道它们也曾经是伴侣一般地一路走来。水形火性的禀赋，终于使酒从内到外和金、木、水、火、土结下了解不开的姻缘关系。

清代的袁枚是一位饕餮大家，他的名作《随园食单》对汾酒有记："既吃烧酒，以狠为佳。汾酒乃烧酒之至狠者。余谓烧酒者，人中之光棍，县中之酷吏也。打擂台，非光棍不可；除盗贼，非酷吏不可；驱风寒、消积滞，非烧酒不可。"

发现汾酒之美者，袁枚绝非第一人。北齐武成帝高湛虽然丹青无绩，但可以称得上是一位知名吃货。史书对他的记载除了劣迹，所余只有寥寥几笔，着墨的竟然是他对汾酒不无炫耀的夸赞之词："吾饮汾清二杯，劝汝于邺酌两杯。"

高湛、袁枚等人不了解的，是汾酒悄悄隐藏在黄土之下的历史。1982年，考古队的洛阳铲在杏花村遗址上勾勒出了关于汾酒发生、发展的脉络。一件又一件来自仰韶文化、龙山文化直至商代的实物，形象地展现汾酒酿造史。从此，我们从陶器的绳纹、青铜器的蟠螭纹中品出了老酒的清香。它们证实，在高湛之前，汾酒已从坚硬的黑陶和秀美的青铜中一路走来，走过了漫长的6000余年。到今天，它们正静静地被置放在汾酒博物馆的展柜里，接受着人们瞻仰与探寻。

在那个混沌初开的年代，陶器的发明曾经像初日一样照亮了人类的文明进程。它是人类第一次利用自然界的物质，按照自己的意图，创造出来的作品。工艺上，黏土经过手捏和轮制等方法加工成形，在800~1000摄氏度的高温下焙烧而成。从今天的眼光来看，许多器形以及纹饰往往让人感到匪夷所思，具有独特的艺术感染力。它诞生以后，就与人类的日常生活息息相关。不仅仅限于食物，其实，很大一部分，是作为盛酒器来被人广泛使用的。而在这些陶制酒器中，更多时候，它的形式表现为壶——从新石器时代相沿至三代、两汉，壶的器形由口颈、腹、足构成，仅个别的加有双耳。在高湛那个时代，正是壶形变革最重要的年代，壶加上了流（壶嘴）和曲柄，具备了今天壶的雏形。

青铜时代到来以后，青铜器以其美艳的光泽、典雅的造型和奇特的纹饰一枝独秀，被人类运用到生活的方方面面。而因了酒与人的特殊关系，产生了觚、爵、角、斝、觯、觥、卣、彝等一大批形态各异的酒器，成为众多青铜器中的一道特别的风景线。今天，我们透过青铜历尽沧桑的红斑绿锈，仍可以领略到它们当年的熠熠风采。当然，华贵的酒器自应当盛装的是名贵的酒，毕竟，青铜器更多代表的是那个时代的尊贵与权威。汾酒博物馆展柜里的吉金彝器，静默无言，它们曾和汾酒相依为存，互为因果，到今天虽已不再盛酒，但它们盛满了早已消逝的远古秘密。从"酒"字的产生，到代代流传的酒的成语与故事，应当与青铜器都有着难以说清的关系。

杜牧给汾酒划出了杏花村的又一个辉煌时代。这个时代，一直从唐宋相沿至明清。在这漫长的1000多年里，汾酒依托的，几乎可以说是一部完整的瓷器史。而这个年代，恰恰又是人类从原叶发酵酒向蒸馏酒转变的时代。所以，在这个时代，随着酒器器形的矮化，瓷质酒器从器形到纹饰都发生了翻天覆地的变化，可谓琳琅满目、异彩纷呈。各种模仿于动物、植物的器形和纹饰，正是由于酒的存在，惟妙惟肖地再现于我们面前。

显然，瓷器缘起于陶器。似乎也可以说，瓷器的发端与发展，与我们民族坚韧不拔的个性有着千丝万缕的关系。所以，黏土变作了瓷土，烧制温度也由1000摄氏度被加强到1300~1400摄氏度。它们的器形缘于陶而不拘泥于陶，在丰厚的文化背景之下，样式迭出。更为吸引人的是釉，从单色，到彩绘，完全形成了一个完美的自我世界。绘画题材也从儒、释、道到民间习俗，几乎全部涉猎，整体上形成了中华传统文化流传的一个代表性方式。酒器当然地全面地承接了这些瓷的禀赋，各领风骚。而由于酒的大众化特点，与那些负有自我使命的瓷质礼器相比，更显得自由和活泼，贴近人性。

唐代酒器之美在形，雍容华贵。宋代酒器之美在质，是所谓色、薄、声三论，前人已多有表述。元以降，以景德镇为中心，青花与彩瓷相得益彰，开创了一个空前的新局面。大件如酒缸、酒罐，小件如酒坛、酒瓶、酒壶、酒杯，不但写实了前人饮酒为乐的种种程式，也让我们可以从酒器中找到酒与器完美结合的一种文化。品读这个时代的酒器，会更多地读到酒在民间的影响力和酒与人的紧密关系。一壶一杯间，我们依稀可以看到唐诗、宋词和元曲的华美，感受到词的精妙和曲的绝伦，甚至可以品味古人饮酒之后的慷慨和消沉。正所谓"杯里乾坤大，壶中日月长"。所以，直到现在，还有许多人迷信，瓷器才是贮酒最好的器皿。酒与瓷，已经结成了夫妻一般的伴侣关系。所以，在汾酒博物馆看瓷，我们不仅看到的是一种烧制品，更看到的是万千个讲不完的故事。

在1915年巴拿马万国博览会的推动下，汾酒终于完成了现代意义上的品牌化过程，卓尔不群，当仁不让地引领国酒的新时代。一枚金奖，证实了一个道理，真正的美味是没有国界的。而这个时候的酒器，早已"换了人间"。以瓷为主体，锡、白铜、珐琅、瓠器、椰壳……不一而足，令人眼花缭乱。最为写实的"义泉永"等作坊的杏花村嘟噜瓶，内外挂黑釉，剔釉墨书，既具山西黑釉瓷的本色，又有酒香不怕巷子深的豪气，在精美杯壶的映衬下，更透出了一种本质的清香。

看《汾酒博物馆历代酒器选集》，绝不同于看一般的文物图册，它带给我们的不仅是器形文化之美，更多的是酒与万物相融的个性。酒的诗、画特质，在醇美的相伴下，会让我们在沉静中享受一种激情澎湃的心灵之醉。

从形而上的角度说，阴阳，似乎可称之为万物之源；五行，似乎是可以涵盖生命的一切元素。我们不知道造器的人是不是喝过酒，但知道酒确乎可以给人以超能力超感受。《酒谱》也好，《酒经》也好，所有的美酒，正是在各种华美酒器的衬托下，更加灿烂起来。

因系酒话，无谓正谬，为一笑耳。